바람의 선율

2024년 가을

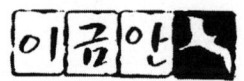

당신이 안 와서

제43차 기획시선 공모당선 시집

당신이 안 와서

시산맥 기획시선 136

초판 1쇄 인쇄 | 2024년 8월 25일
초판 1쇄 발행 | 2024년 8월 30일

지은이 이금안
펴낸이 문정영
펴낸곳 시산맥사
편집주간 김필영
편집위원 신정민 최연수
등록번호 제300-2013-12호
등록일자 2009년 4월 15일
주소 03131 서울특별시 종로구 율곡로6길 36. 월드오피스텔 1102호
전화 02-764-8722, 010-8894-8722
전자우편 poemmtss@naver.com
시산맥카페 http://cafe.daum.net/poemmtss

ISBN 979-11-6243-501-4 (03810) 종이책
ISBN 979-11-6243-502-1 (05810) 전자책

값 12,000원

* 이 책은 충주시, 충주문화관광재단의 후원을 받아 충주문화예술지원사업의 일환으로 발간되었습니다.
* 이 책은 전부 또는 일부 내용을 재사용하려면 반드시 저작권자와 시산맥사의 동의를 받아야 합니다.
* 이 책은 교보문고와 연계하여 전자북으로 발간되었습니다.
* 본문 페이지에서 한 연이 첫 번째 행에서 시작될 때에는 〈 표기를 합니다.
* 저자의 의도에 따라 작품의 보조 동사와 합성 명사는 띄어쓰기가 달라질 수 있습니다.

당신이 안 와서

이금안 시집

| 시인의 말 |

시는 언제나
나의 내면과 마주하게 한다.

시작(詩作)을 통해
슬픔의 바다에서 헤엄칠 수 있었고
그대에게 다가갈 수 있었다.

시는 항상
너와 내가 공유한 감정을 품게 하고,
빛과 희망의 길을 열어주었다.

시작(詩作)을 통해
삶의 진창 속에서도
하늘의 별을 보게 하였다.

동화를 쓰며
영혼을 위로받았지만
더 늦기 전에 시집 한 권 갖고 싶었다.

2024. 8월, 이금안

■ 차례

1부

옥룡계곡 물소리	19
새는 제 이름 부르며 산다	20
벙어리 뻐꾸기	22
빗줄기 속에 벼랑이 숨어있다	24
잠긴 문	26
파꽃	28
목마름	29
술과 낙지	30
우도 가는 길	32
아픈 기억은 떠나질 않네	34
붕어빵	36
불면의 이유	38
딱지치기	40
사유서	41

2부

당신이 안 와서	45
장마	48
양파를 벗기며	50
포도주잔 파편이 가슴에 박힐 때	52
고래의 눈물	54
겨울왕국에서 온 편지	56
눈을 굴리며	58
백년초	60
귀부인	61
초승달	62
프로포즈	64
노마드	66
어떤 위로	68

3부

달천강	73
탄금호수	74
강수 선생	76
섬진강	78
두타연	80
시오름에서	82
장미산성	84
새벽 기러기 되어	86
첨성대에서	88
바실라 흔들리다	90
비내섬	92
암브로시아	93
산막이옛길	96

4부

도토리 할머니	101
첫사랑 시를 만나다	102
만년필	104
명령	106
뒷모습	108
동굴	110
바위자고새	112
겨울 무도회	114
마음 歌	116
목각인형과의 여행	118
운명	120
그대를 따라서	122
내 마음 아시는 당신	124
그날 밤	127
마음 가는 대로	128

■ 해설 | 문정영(시인)   131

1부

옥룡계곡 물소리

세상일 도깨비바늘마냥 붙어있어

떼어내려 옥룡계곡 물소리 듣는다

핸드폰 배경에 뜬 달처럼 전화가 왔다

개랭이산 흑가길에 사는 그대와

환히 빛나는 달빛으로 전화를 주고받았다

옥룡계곡 푸른 물줄기에 씻겼을까

가슴속 달라붙었던

엉킨 가시들 순해져 있었다

새는 제 이름 부르며 산다

아무도 없는
숲속을 걷고 또 걷는다
고요하다

호로롱 호로롱
멀리 새 한 마리
제 이름 부르며 날아간다

언제부터인지
길이 막히면
기슭으로 기슭으로 들어갔다
허공을 떠돌다
개망초꽃 옆에 앉아보면
꽃들도 제 이름 닮은 미소를 하고 있었다

깊은 산
작은 호수 앞에 걸음을 멈추고
고백처럼 내 이름 되뇌어 본다

다 끌어안고

계절 속으로 날아가며
언제부터 자신 있게 살지 못했는지

새는 제 이름 부르며 산다

벙어리 뻐꾸기

할머니가 쌀 한 바가지 당신 얼굴에 뿌리며
아들도 못 낳은 년이라고 패악 퍼붓던 날 저녁

굵은 빗소리 내는
재봉틀만 덜덜덜 돌렸지요
가슴엔 억장 무너지는 장대비 소리 가득했지요

연애소설 읽는 딸년
열심히 공부하는 줄 알고
재봉틀과 함께
돌아가는 속울음으로 훗날 희망 품으셨나요

부서져 버린 날들
꿰맞추며 견뎌 온 세월
속절없이 흐르고 흘러
어느덧 딸이 당신만큼 나이 들었네요

벙어리 뻐꾸기 되어
하얀 눈발 속으로 떠난 당신
해마다 정월 초사흘 날 차가운 겨울밤

며느리 정성 가득한 제사상 앞에서
다 잊은 듯 곱게 웃고 계시네요

버거운 생의 고갯길 넘으며
두 다리 뻗고 앉아 울고픈 날
거울 앞에 서면 숨어있는 듯 나타나
웃어 주는 나의 어머니

빗줄기 속에 벼랑이 숨어있다

먼 길 떠나야 하는 아침
퍼붓는 빗줄기
어차피 피할 수 없다
시동을 켜는 순간 모든 가능성은 열린다
달리는 순간 모든 것을 맡기는 거다

국지성 호우 속
도파민은 빗줄기처럼 빨라지고
속도 게이지는 기어간다

이유 없이 가슴이 아리다

덕유산 육십령 고갯길
덤프트럭이 종잇장처럼 구겨져 있다
빗줄기 사이로 벼랑 끝은 보이지 않는다

폭우는 그치지 않고
기다리는 사람도 없는데 달려만 간다
고속도로는 이유 없이 멀기만 하고
빗속을 달리는 나는 누구인가?

〈
졸음쉼터가 지나간다
감속이라는 도로 전광표지판도 지나간다
안전이란 이정표가 자꾸
빗줄기 사이로 흩어진다

잠긴 문

그림자로 덮인
그대의 문 잠겨있다
고요한 침묵에 숨죽인
암흑 속 광야
아득한 세상과 연결되어 있다
감춰진 기억처럼

잠긴 문
그것은 마음의 미로,
길 잃은 생각들의 끝없는 순례
오직 시간만 흘러가는
우담바라˚ 향기 가득한 곳

잠긴 문에는 열쇠가 없다

문이 잠겨 들어갈 수가 없다
아니 나갈 수도 없다
닫힌 문은 열고 들어가면
환한 꽃밭이지만
잠긴 문은 불면의 공간

〈
내가 들판을 그릴 때
그는 바다를 그린다
나는 나의 그림을 그리고
그는 그의 그림을 그린다

잠긴 문 뒤 숨겨진 마음의 소리
다가가 보듬고 싶어도
굳게 닫혀있는 그대의 문
결코 들어갈 수는 없는 건가?

* 우담바라 : 불교 경전에 보이는 상상의 꽃.

파꽃

매서웠던 추위 견디고

고해성사하듯

오월 꽃 천지 속

동그랗고 하얗게 피어나

흐르는 구름

천 개의 바람 되어

오롯이 비우고

푸르른 꽃대 하나로 서 있네

목마름

목울대에 어제가 걸려있다

파도가 흰 거품 물고 밀려온다
긴한 말 하려고 달려오는 사람처럼

바다와 마주 앉아 멍때려도
상관없이 낮 가고 밤이 왔다
자꾸 목이 마른다

되새김질하는 소처럼 자꾸 입맛을 다셔본다

배 속 어디선가
타고 또 타버린 검은 그을음
목덜미를 감고 있나 보다

세상 얻은 듯한 기쁨은 짧고
물거품 토해내는 바다는 끝이 없다

지독한 목마름
무더운 여름내 붙잡고 놓지 않는다

술과 낙지

웃음이 나오는 것은
어찌할 수 없는 거다
술에 취하면 더욱 그랬다
술은 마치 보드라운 고양이 털
목에 닿는 것처럼
장기 깊숙이까지 간질여대며 웃음을 품어낸다

슬며시 기억을 갉아 내리는 사랑

부드러운 손길처럼
뇌리부터 가슴까지 파고드는
달콤하고 짜릿한 그 무엇

그래 낙지를 닮았다

앞에 놓인
이제는 꿈틀대지 않는 낙지를
물끄러미 쳐다본다
더 이상 움직이지 않는 낙지는 의미가 없다
〈

그 낙지
젓가락으로 집어 올리자
살짝 꿈틀거리는 것 같다

낙지 입속에 넣고
잊힌 사랑처럼 힘주어 씹었다
술에 취하면 웃음도 눈물이 되었다

우도 가는 길*

아름다운 풍경 바라보면
암흑색 기억들 투명하게 사라질지도 몰라

12월 마지막 날
일몰이 아름다운 지붕 없는 미술관 유혹에
우도 가는 길로 들어섰다

무인카페에서 일몰을 볼 수 있다니
아무도 마주치고 싶지 않은 마음과 딱 맞았다

해가 지는 것을 보려면
해가 질 때까지 기다리지 말고
해가 지는 쪽으로 가라**

어린 왕자가 알려준 대로 해가 지는 쪽을 찾았다

우도의 풍경들은 각자의 노을 껴안고
저마다의 시간을 보내고 있었다

수평선 너머로 숨는 해가 속삭였다

비밀 하나 알려줄게, 아주 간단해

마음으로 봐야 더 잘 보이는 거야
정말 중요한 것은 눈에 보이지 않아"

* 일몰이 아름답다는 전남 고흥에 있는 무인카페 이름.
** 생텍쥐페리 『어린 왕자』에서.

아픈 기억은 떠나질 않네

기차는 7시에 떠나네
그리스 음악 같은
암호를 주고받던 그녀와의 대화

그해 오월
장맛비 내리던 날
배 불룩했던 그녀
자취방에 숨겨주었던 사랑이 끌려갔네

시커먼 군화 발자국이
흰 날개 참혹하게 짓이겨 놓았지만
저녁마다 기차는 7시에 떠났네

사랑은 돌아오지 못한 채 흩어졌네
심장 깊이 각인 된 그 날
그 5.18의 아픔
앨버트로스라는 청년은 멀고 먼 길 떠났네

홀로 유복자 길렀을
그녀의 발그레한 복숭아 같던 미소가

빗방울마다 서럽게 서려있네

어느 새벽
억센 빗줄기 소리에
생생한 추억이 떨림으로 전해오고
쓰디쓴 커피처럼 그날의 기억이 끓고 있네

아픈 기억은 전혀 떠나질 않네

붕어빵

붕어빵에 붕어는 없다

붕어빵이 얼마냐 물었더니
손짓만 할 뿐 말이 없다
옆에 서 있던 부인이 해맑은 미소로
손짓 섞어 화답했을 때
그들의 다른 언어를 읽는다

틀 안의 붕어들이 한 마리씩 고개 내밀자
노오란 봉지 속에
한 마리 한 마리 다치지 않게 담아 건넨다
붕어들을 받아 든 채 그들이 듣지 못하는
고맙다는 말 하고 돌아서는데
갓 태어난 붕어들 입안에선
뜨거운 입김이 새어 나온다

숨 쉬는 붕어들 아이들에게 나눠주니
이번에는 붕어들 입 뻐끔거리며
뜨거운 언어 모락모락 뱉어낸다
아이들은 살아있는 붕어를 신기한 듯

눈을 끔뻑이며 바라보더니
조심스레 호호 불며 그들과 입맞춤한다

새까맣게 그을린
중년 부부의 손에서 나온 몇 마리 붕어들이
얼어붙은 아이들 손과 입을 녹이고
고요했던 세상 재잘거리게 한다

붕어빵에는 따뜻한 붕어가 숨어있었다

불면의 이유

언제나 마음은 내전 중

눈 감고 누우면
시커멓고 커다란 쥐들 자꾸 튀어 오른다

라텍스 매트의 푸근함에도
프랑스산 보들레누보 서너 잔에도
망상은 무리 지어 뭉게뭉게 솟구치고

이불 뒤집어쓰고
혼자 해대는 수취인 불명의 온갖 넋두리들

사면의 벽 뚫고
미친 듯 허공 휘저으며
겨울 무도회 흰 눈발처럼 떠돌다
안으로 안으로만 파고드는데
밤 깊을수록 가슴속 어둠도 짙어만 간다

커튼 너머 들리는 바람 소리
바람 따라 흔들리는 잎새 소리

안에선 양들 수백 마리 음메에 소리치고

젊은 날의 욕망은
차라리 아름다운 이유였나?
정열도, 사랑도, 고독도 아닌
호르몬 불균형이라니

한밤중 멀쩡한 냉장고 청소를 시작한다

딱지치기

하나의 게임에
모든 걸 걸었던 시절이 있었지
그저 작은 놀이에 불과한 딱지가
뒤집힐 때마다
나도 같이 뒤집어졌지

더 두꺼운 종이로
딱지를 만들었지
한 번 넘어갈 때마다
두꺼워진 딱지는 더 단단히 땅을 지탱했지

지금껏
내 가슴속 넘어가지 않은
딱지 한 장 남아있지

그 딱지 있어
나 넘어질 때마다 단단해졌지
그렇게 견뎌왔지

사유서

길고 긴 이유는 날개가 있다

구겨진 종이 위로
새벽기도의 절규 사라지고
글자 사이 닫힌 문 열리지 않는다

분홍 체크무늬 소파 위로
속 끓는 여름만 이글거린다
끝없는 미로 속 쥐의 눈이 빨갛다

살아온 사유는
규격화된 문서 속에서 제구실 못 하고
베풀었던 온정이 규정에 굳게 갇혔다
힘없는 우리네 삶 얼마나 눈물이 필요할까?

미로 속 쥐의 눈이 검게 죽었다
창밖 바람이 거세다

2부

당신이 안 와서

당신이 너무 오래 오지 않아
노란색 안경 쓰기 시작했어
노란색 안경 쓰면
언제 어디서나 당신이 보였거든

노란색 안경 쓰고
꽃밭을 만들기 시작했어
봄맞이로 데이지, 팬지, 수선화 모종들을 사 왔어
돌울타리 화단도 만들었어
호미로 정성껏 꽃들을 심었어
꽃들은 날마다 날마다 당신 기다리며 자랐어
봄은 나날이 깊어가고
노란색 안경 쓰고 땅만 파면서
빼앗긴 삶이 그렇게
불행하지 않다는 것도 알게 되었어
가진 자와 갖지 못한 자의 삶
하늘과 땅 차이가 아니었어
노란색 안경 쓰면 다 평화로웠어

〈
나는 가끔 나 자신을 숨기기도 했어

말해주고 싶었어
나는 불행해질 거라고
당신도 불행해질 거라고
우리의 순수한 진실 어디다 버려진 거냐고
하지만 침묵했어
침묵이 최선이라고 생각했어
당신은 여전히 오지 않았어
봄에 심었던 일년초들은 가을이 되자 시들었는데
팬지꽃은 오래도록 예쁘게 피어있었어

모든 생각과 사물들은 양면성이 있어
보이는 앞면 뒤에 그것과 다른 뒷면이 있어
보이지 않을 뿐

당신이 안 와서

너무 많은 생각을 하게 되었나 봐
당신이 안 와서

장마

마파람 살랑살랑
마른 흐느낌처럼 여름 들녘 뒤흔든다
눈치 빠른 풀잎들 먼저 몸 뉘고
지천에 가득한 여름꽃들
고개 숙인 채 도사린다
감쪽같이 속일 수 있는 건 아무것도 없다
관절은 어김없이 정확하다
밤새 육천 마디 모두 옥죄어온다

소설 속 가족의 불행처럼 비가 쏟아진다
누구의 울음인지 모를 울음잔치다
일기 예보보다 심한 비의 위력에
차를 가져갈까 하다가
튼실한 우산 하나 펴들고 그냥 걸었다
길모퉁이 돌아 언덕배기 내려갈 즈음
아, 이건 아니다 싶었지만
돌아가기엔 너무 많이 와 버렸다
다리는 오므릴 수도 펼 수도 없이 쥐가 날 것 같다

잠깐 빌린 것 같은 삶의 하늘에

흰 뭉게구름 한가로이 떠다닐 줄 알았다
먹구름 가득 몰려올 줄 정말 몰랐다
이렇게 장대비 오래도록 퍼부을 줄 몰랐다
누구에게도 내비칠 수 없는 깊은 속울음일 줄은
더욱 몰랐다

양파를 벗기며

껍질 벗기기 놀이를 한다
윤회를 거듭하며
매일 새로운 나를 꿈꾼다

내 몸의 얇은
표피 한 장이 스윽 벗겨진다

표피 한 장을 벗길 때마다
남은 진실 한 꺼풀을 찾아
도마 위에 올린다

그러나 조금 더 작아진 모습만 남을 뿐
한 꺼풀 뒤에 또 한 꺼풀

사실 뜨거운 진실 하나
소유하지 못하고 있다는 것
그것을 들켜버린 것이
가장 두려운 것인지 모른다

우리는

두려움 잊으려 무엇인가를 한다
한 꺼풀 벗기기 헛된 희망을 품는다

이번에도
나는 또다시 껍데기뿐이다

포도주잔 파편이 가슴에 박힐 때

어둠 속에 홀로 잠들지 못하는 밤

한잔의 포도주
잔을 들었던 손은 미끄러졌고,
유리 파편 가슴속으로 박혀 들었다

아픔과 후회가 섞여 흐르고
눈물이 마음의 상처에 적셔 들었다
포도주의 달콤함과 아릿함
파편은 꺼내려 해도 더 깊이 박혀 든다

어쩌면 스스로 만든 상처
이리저리 구석구석 마구 후벼 든다

몇 날 며칠 지난 뒤
말끔히 정리했다 싶었는데
다시 구석에 숨겨진 파편 한 조각
여전히 날카롭고 푸르게 빛나는
잊히지 않는 아픈 기억 하나
내내 안에 살아

영혼에 박혀버린 것처럼,

그래
시간이 약이라 했지
아직 그 말 믿지 못하지만
손 뻗으면 다시 베일 것 같아
조심스레 쓸어내 본다

고래의 눈물

히말라야산맥을 등반하는
마음으로 그녀에게로 갔다
봄 물살이 부드럽게 리듬 타며
고래 등에서 춤추었다

폐부 깊숙이
피어오르던 분홍 물결
서로가 서로에게 헤엄쳐갔건만
파도 거세게 밀려오던 날
물거품처럼 하얀 손수건 전해졌다

함께 탔던
연보랏빛 유람선 고동 소리
숨통 옥죄이고
귀 막은 그녀 향해 그가 운다

얼어붙은 바다
고개 젖히고
머리 흔들어 마음을 다스려 본다
너무나도 소중해 놓아 준 그녀

이제는 돌아선 그녀

깜깜한 우주 속에
홀로 떨쳐진 고래 한 마리
바다의 심장을 푸르게 가르며
낙조 깃든 수평선 너머로 헤엄쳐간다

겨울왕국에서 온 편지

오랜만에
북쪽 나라에서 겔다에게 편지가 왔어
얼음 여왕이 날 찾는다구
편지 겉봉투에 있는 글씨체를 보니
겔다가 아닌 다른 누군가였어

나, 이젠 슬프지 않아
슬픔도 내성을 띤다고 했던가
가끔 삶이 지겨워질 때가 있지만
일상일 뿐
오히려 조금 고독해지고 싶었어

눈물을 흘리다가 웃는 날들
사라져버린 것에 대한 미련들

눈물은 순도 백 프로가 아니기에
울다가 가끔 웃기도 하는가 봐

숨겨진 나를
발견해준 당신은 고마운 친구

맑고 큰 눈이 사슴 닮아서
너무 슬퍼 보였지

내가 좋아했던 까만 눈을 닮아
오래 머릿속에서 지워지지 않아

얼음 여왕의 계절이 올 때마다
동화와는 달리 유리 조각은 눈에서
쉽사리 빠지지 않았지

나는 그들과 겨울왕국에서 살기로 했어
나름대로 행복할 것 같아

눈을 굴리며

오래 잊고 있었던
그를 다시 굴려본다
깨진 유리 파편 같은 눈발들
꿰맞추며 굴린다

사라져 갈 테지만
쌓여가는 눈 위에서
기억의 흔적 더듬어
조각 퍼즐 맞추어 본다

눈 위에서 깨질 듯 웃으며
시린 이빨 보이던 그대
자꾸만 불어나는 환상은
흰 눈밭에 쏟아지고
더 크게 더 크게 재생하며 굴러간다

추운 손 호호 불며
데굴데굴 눈덩이 굴리며
눈웃음 짓던 그대
〈

그리 만들어 놓은 사람도
어느 순간 사라져버리고

그럼에도
이별은 만남을 기약하고
사라진다고 사라진 게 아니라는 듯
눈은 계속 내리고 있다

백년초

오래전에 버려져
사막 이슬 먹고
어금니같이 암팡지게 퍼져나갔다

안으로 안으로 응축된 생명력
가시 속에 깊게 키워온 꽃잎

그래서일까
생살 파고드는 발톱의 내향성을
하룻밤 씻은 듯 치유하는
보랏빛 선인장

아픔을 먹고 살고
아픔에 익숙한 너이기에
동병상련의 정이 더욱 새롭다

백년초 키우는 사내는
사연도 모른 채
실없이 웃을 뿐

귀부인*

맑은 가을 하늘 아래
마음의 그늘이 숨어있다
알면서 가지 쳤던 것들
가슴속에 파랗게 줄지어 섰다

성당 고해성사 마치고
집으로 돌아가는 길
노점상 꽃가게 부부
꽃 속에서 꽃이 되는 것을 보았다

꽃 가게 부부가 펼쳐놓은 가을
꽃가게의 향기 몽땅 사 버렸다

집 안 가득 귀부인의 미소 그윽하다
화사하게 웃는 연분홍빛 정갈함
아픔으로 맑게 피어나는 꽃

* 귀부인 : 가을 국화 중 대국, 중국, 소국의 다른 이름.

초승달

언제부턴가
혼자 걷는 밤길이 무서워
밤 드라이브 즐긴다
갈 곳 정하고
의도적으로 밤을 품고 출발한다

차 안에서 마주하는 나
밤에 안기면서 생각을 정리하고
내 안의 나와 이야기한다

하늘에서
오직 나만 바라보며
눈 지그시 감고 있는 초승달

처연한 눈빛으로
보살펴 줘야 할 것 같은 몸짓으로
아주 멀리서 전언한다

우연히 밤하늘 초승달 보게 되면
밤에 어디 갈 일이 많이 생긴다는데

〈
밤에 어디 갈 일이
많이 생기는 게 무슨 대수인가
내 모습 닮은 초승달
쓸쓸한 빛과 함께할 수 있어 너무 좋은데

프로포즈

40년 전
자신의 유년 시절 사진첩을 내밀었다
"삶은 끊임없는 정성으로 다듬어진다"라는 메시지 적어서

산길에서 꺾어 온 나리꽃이
윤슬처럼 창가에 매달려
아름다운 세상이 열릴 줄만 알았다

40년이 흘러버린 지금
언제나 한 손의 빛을 잡아주었던 바람은
끊임없는 정성이라는 이슬 한 방울이었다

여우의 입 모양 하고
늑대의 말 하며
햇살이 없을 때도
따뜻한 그림자 함께했기에
아득한 길 걷고 걸었다

장롱 깊이 숨겨두었던 날개옷은
어느덧 눈처럼 녹아 사라지고

행복과 참혹한 날들이 오가는 사이
또 몇 번쯤 새가 되고 싶었을 즈음

이제야
우리 집 마당 한가득
싱그런 나리꽃이 활짝 피어올랐다

노마드*

삶의 긴 여정을
걸어왔어도
어려운 순간들은 여전히 산처럼 높네

젊은 그대와 생각 차이가 아득하다

시린 나뭇가지들
꿋꿋하게 서 있는 계절
이렇게 다 날려버리라고 말하는 듯하다
다 떨구어 버리고 가진 만큼만 가지고 살아가라고

다 떨구고 나면 봄은 오는 걸까?
혼자만의 봄이 아니라
다른 사람과 같이 봄이 되어야 한다고 했지

애태타**는 봄이 아니니까 떠났다고 했다
애태타는 기쁨이 있는 곳에만 있겠다 했다
봄의 기운이 조금이라도 없으면 떠난다고
애태타가 떠나면 우리는 외로울 것이다
〈

외로우니까 슬픈 건지
슬프니까 외로운 건지, 인생은

우리는 너 나 할 것 없는 노마드
언젠가 우리들의 텐트도 걷힐 것이다

오늘도 지구는 무심히 돌고 도는데
현재의 계절 그저 있는 그대로 살라 하는데
터덕거리며 방향도 없이 걷고 또 걷는

외로운 그림자 군상들은 오늘도
아직 오지 않는 봄 찾아
아지랑이처럼 길게 길게 늘어졌다

* 노마드 : 유목민.

* 애태타 : 장자의 이야기에 나오는 '슬프도록 못생긴 사람 그러나 다른 사람 이야기를 잘 들어주어 많은 사람들이 좋아함.

어떤 위로

회전목마 돌아가듯
바쁘게만 살던 어느 날
왼쪽 아랫배 끊어질 듯 아파왔네

산부인과 들어서니
난소에 7센티 혹 덩어리
미련퉁이 주인 만나 터지기 일보 직전

오줌줄 따로 빼고 창자 비워대니
실오라기 하나 들 힘도 없는 중에
몰핀 주사 놓고 난소 한 쪽 가져간다

정신 들고 처음 든 생각

'참 바보처럼 살았구나'

그래도 기다려주지 않는 삶의 고리들
급하게 서둘러대 서러움만 더하고

회복에는 산책이 최고라는 의사 권유로

병원 잔디밭 봄 햇살 아래 링겔 끼고 앉아
이유 모를 서러움에 젖어 들 때

내 발밑
보랏빛 눈물 한 방울
영롱한 제비꽃이 아린 가슴 달래주었다

고 작디작은 것이
나를 향해 환하게 웃으며

3부

달천강

불꽃이 손을 흔들 때
오누이의 사랑은 강물 되어 흐르고
기다림만 남아있다

물길마다
낯설지 않은 바람은 갈 곳을 모르고,
함부로 언덕은 꽃을 피웠다

꼼짝하지 않고
심연에 가라앉은 노을에 시선 고정해도
휘파람새 들판 가로질러 날아가고
열사흘 달빛은 강물 따라 흘러간다

강변 작은 벤치
노을 털어낸 어둠이 앉아있다
나도 어둠 옆에 앉는다

내가 점점 지워진다

탄금호수

가야금의
잔잔한 운율 같은 물결로
날마다 당신에게 갑니다

너럭바위 위에 앉아
가락을 잃어버린 그림자처럼,
천 개의 그리움 품고 흐릅니다

갈 수 없지만
갈 수 있다는 생각으로
해 질 무렵까지
노을의 친구가 되는 상상 하며
날마다 침묵할 뿐입니다

함께 하는 붉은 울음들이
아름답고 찬란한
우륵의 운율 타고 새 되어 날아갑니다

말하지 않는다고
할 말이 없는 것이 아닙니다

휘어진 호수의 밤
까마득한 곳 당신은 언제나 함께 있습니다
나는 흐르는 현악기입니다

강수 선생*

머리에 뿔 달린 사람
나중 큰 인물이 될 거라 했지만
모든 것은 그대의 노력으로 다듬어졌지

거친 바람 속에서도
새로운 학문 찾아 자신의 길 만들었어

그대 편지 읽은 사람의 마음 녹였고
먼 대륙 당나라도 달콤한 손짓으로 다가왔지

그렇게 한반도 첫 번째 통일 이루었던 그대

대장장이 여인과의
신분의 벽 뛰어넘고 빈천한 사랑의 손 놓지 않았지
배우고도 실행하지 않으면 부끄러운 일
그 파격적인 사랑 아름다워라

바람 없는 날이 좋다고
바람 부는 날 버릴 수 없는 일
말년에 학 기르며

학처럼 살다 멀리멀리 날아간
충주의 자랑 신라의 대 문장가 강수 선생

칼보다 강한 붓으로 삼국통일 이루니
명문장은 사랑의 흔적으로 남아있네

* 강수 선생 : 신라시대의 대 문장가.

섬진강

욕심 없는 빛깔
겨울강 무채색 모랫벌
수십 개 비밀의 방 간직한 그녀의 가슴
조단조단 수많은 속삭임

전라全裸의 상흔 담고서도
비너스의 미소로 화답하는 그녀
세상의 향기가 되어 주마

아픔의 실핏줄들
다독거려 들꽃들로 피워내
그녀의 이마에 꽃등 달아주던 시인의
은빛 한 방울 눈물 같은 강

죽은 것을
다시 태어나게 할 수 있는
마법 같은 그녀에게서 어머니를 만난다
모성은 묵묵히 살펴줄 때 빛이 되는구나

차디찬 겨울바람

그녀의 가슴팍이
오늘은 다디단 모유 빛깔로 눈이 부시다

두타연

계곡 위 붉은 눈물이 떨어졌던 곳
빨간 비 내리는 계곡에 들리는 새 떼 울음소리
한때 새 떼였고 오래도록 새 떼로 남을 너

차마 읽지 못하고 고개 숙여버린
'길 가소서' 시 읽는 소리 들었을까?

가버린 것들 오지 않고
철쭉, 민들레, 노란 딱지꽃들 철없이 웃고 있다
지뢰 금지구역 표지판은 또 한 계절 보내는데
하늘로 향한 손짓!
가슴을 파고드는 빗소리 누구의 아우성인가?

생과 사가 뒤엉킨 땅, 두타연
가슴속에 하염없이 쏟아지는 빨간 비
걱정하지 말아요 걱정하지 말아요
소름 돋도록 단호했던 너마저
자꾸만 뒤돌아보는 습관이 생겼구나

두타! 두타!

불러도 불러도 다가오지 않을 이름

삶과 죽음이 엉켜진 두타연
모든 걱정 떨구어 버리려고
올려다본 하늘엔 조각난 구름만 흘러가고 있다

시오름에서

수십 그루 삼나무들이
저마다의 사연 하늘 위로 펼친다

숲길은 고스란히 신기한 별천지다

나무마다 스치는 바람 소리

떠나가는 새들
마음 사로잡았던 숲길은 축제의 현악기다

두 팔로 안을 수 없는
삼나무는 삼나무대로
태풍에 쓰러진 나무는 쓰러진 나무대로
뿌리 함께한 부부 나무는 나무대로
비켜 가며 서로의 자리 남겨 둔다

흘러가는 구름조차 숲 되고
비 그쳤다 다시 오기 반복하는 동안
기억으로부터 먼 계절이 지나가는 한라산
〈

내려놓아라
내려놓아라
해무 품고 흐르는 구름 속에
숨비소리* 들린다

숲길 밖은 비안개 가득하다

* 숨비소리 : 잠수하던 해녀가 바다 위에 떠 올라 참던 숨을 휘파람같이 내쉬는 소리.

장미산성

장미산성
언덕에 눈이 내립니다
장미와 보련의 이야기
사각사각 들려옵니다

하얀 손수건 같은 눈송이들
보련의 눈물 닦아주려는 듯
여기저기 흩날리고
구슬픈 노랫소리 들려옵니다

남동생 장미와 함께했던 추억
한겨울 눈 속에서
빛났던 두 남매의 전쟁놀이
누구의 승리이든 웃음소리 가득했지

눈송이 맞으며 표창 던지며
힘을 기르던 따뜻한 남매의 사랑
한겨울 추위도 다 녹였는데
서로의 눈동자에 비친 모습 보며
꿈꾸던 평화의 세상

그립고 그리운 가슴 터질듯한 남매의 추억

둘이 함께했던 날들
두 배의 기쁨으로 서로 키워주었지
겨울의 차디찬 추위도 녹여버리며
서로를 위하며 실력 다졌는데

사랑하는 어머니가 건넨
모락모락 달콤한 떡
남동생 장미가 쌓아 올린
장미산성의 축포 소리에
조용히 사라져간 누나 보련의 깊은 마음

눈 내리는 장미산성에 서서
유유히 흐르는 탄금호 바라보는데
차디찬 눈바람 속에서도
여전히 남매의 사랑 노래
은은하게 들려오네

새벽 기러기 되어
-고구려 역사 탐방을 다녀와서

새벽 기러기
시간 거슬러 잃어버린
푸른 과거로 날아올랐다

고대의 숨결 속에
큐피드의 화살 천년을 넘나드는 사랑,

산과 들은 그대로인데 세월만 흘렀네
아직도 고구려 혼백 넘실대는 대지
비바람 쓸린 오랜 석벽은 이야기 들려주고,
그 위대한 왕들의 꿈과 희망이 빛나는 듯

안악산 푸른 능선
발걸음 발걸음마다
역사는 살아 숨 쉬네
광개토대왕 비문
힘찬 기상 천년 넘어 가슴에 와닿네

평양 고분 속 잠든 영웅들
무덤에서조차 꺼지지 않는 혼백들이
웅혼한 역사의 흐름 도도히 이어
영원히 잊히지 않을 이야기 들려주네

〈
그곳, 고구려 땅엔 아직껏 우렁찬 함성
산과 강 가득 우리 정기 넘쳐흐르네
역사 페이지마다 새겨진 뜻깊은 목소리
바람 타고, 시간 타고, 영혼에 스며드네

밤마다 별자리 쫓으며
수많은 신들에게 두 손 모아 기원했던
신들의 은총조차 달래지 못한
천년 사랑 그대로 살아있네

학과 용 타고 하늘 날며
늙지도 죽지도 않는 신선 되고파
몸과 마음 수련했던 영웅들

죽어서도 살아있고 싶어 새겨놓은 벽화
천년 살아가는 영웅들의 이야기

밤마다 날개 펼치고 신선 되어
하늘을 날고 있네

고구려 땅 그곳엔

첨성대에서

하늘을 알면
세상이 보일 거라고
말한 선덕여왕은 어느 별이 되었을까?

누군가의 꿈이었을 하늘 이야기

별들이 자오선 지나는 시간
저 먼 곳에서
별꽃들이 등대처럼 빛나고 있네

아래에는 문이 없어
날개도 없이 어둠 속으로 날아올라

가운데 문으로 들어가면
신비한 길이 열린다는데
온 하늘의 별이 그 속에 가득 들어있다는데

아,
타오를 대로 타오른 뜨거운 가슴 안고
천년 살아온 숨소리

〈
하늘의 마음,
별들의 따뜻한 속삭임
지금도 날고 있는지

바실라* 흔들리다

천오백 년 전 페르시아 왕자가 극찬했던
꿈의 나라 바실라가 흔들렸다

거인의 나라 만삭의 여인들이
드러누워있는 듯
번쩍번쩍 빛나는 커다란 무덤들

누워만 있던
위대한 왕족들이 잠깐 몸을 비틀었나?
기침 한번 해본 것일까?

바실라 흔들어 놓은 여진의 비명들
무덤에서 무덤으로 파문이 일었다

탁자 밑으로 피신 나온 왕, 왕들이
사방에서 왕왕거리고

천년 기와지붕에 걸려있는
팔월의 보름달조차 가슴 졸이는
숨 가쁜 토함산 기슭

〈
바실라, 너는 흔들리고 흔들려서 무엇이 되려는가

* 바실라 : 천오백 년 전 페르시아 왕자가 붙여준 신라의 다른 이름.

비내섬

  사방이 벽으로 느껴진 날엔 비내섬에 가보세요. 시간마저 잠시 멈춰 선 듯 그대가 스쳐 지나가는 듯 심장을 타고 올라오는 전율. 갈대가 너무 무성해 베어내고 베어내어 생겨난 비내섬. 알 수 없는 구름의 몸짓에도 갈대들은 고개를 끄덕이고 잔잔한 물결 위로 날아오르는 기러기들. 길을 떠났던 철새들 돌아와 자신만의 이야기 강물에 풀어놓으면, 무시로 꿈꾸는 비내섬. 갈대 흔들릴 때마다 은밀히 놓고 간, 어떤 연인의 속삭임 사르락 사르락 물보라로 피어오르고, 반짝이며 토해내는 수많은 사연. 한발 한발 옮길 때마다 나를 지켜보는 또 다른 나.

  거기 있었다

암브로시아[*]

주문진 소도리
아들바위 옆 후미진 한 귀퉁이
캠핑카 커피 물이 끓고

잔인한 운명 앞에
왜라는 한숨 삼키며
들고양이와 친구 맺기 한다

방금 삶아낸 닭 날개
목울대에 꾸역꾸역 집어넣고
낚싯대로 잡아 올린 돌삼치와 놀래미는
속울음 섞어 송송 썰어 담아둔다

잊히는 것은 아니다
밀려갔다 밀려오는 파도 소리에
바닷속 문장들 다시금 살아나려 할 때

다행히 봄비 내렸다

떠돌다 내게 온 물빛 향기

맺힌 것들 씻겨 내리는 상쾌함
가슴 쏴 하게 하는 힐링 한 모금 같은

세상의 모든 파도
바다 위로 흩어지는 시들어버린 잎들 사이
영원을 담았다는 신들의 열매
암브로시아˙

영원의 맛이란 어떤 맛일까?

투명한 꿈들 춤추며 영혼에 길을 묻고
아픔도 슬픔도 없는 그곳에서
오로지 신들의 입맞춤 기다리는 암브로시아

사념의 바다에서
파도는 이리저리 넘실거렸다
진한 커피 향에 삶의 얼룩들 섞어 날려본다

흩어지는 바람 속
한때 친구였던 들고양이

남은 생선 훔쳐 들고 혼잣말하며
제 마음껏 살 수 있는 세상으로 가려나 보다

* 암브로시아 : 그리스·로마 신화에 나오는 신들의 음식 마시면 늙지도 죽지도 않는다는 음료.

산막이옛길

딸이 군대에 갔다
바람의 울음소리
단발머리 속에 감추고 갔다
불침번을 서며 썼다는 편지가
봄눈 오는 날 도착했다
20킬로 구보하는 날
산막이옛길 사이를 누비며 퍼부어대던 눈발
미생들의 절규
봄기운은 어디서 오는가
봄이 오기는 오는 것인가
더욱 맑아진
더욱 강해진 구호가
분홍편지지 칸 칸에 울려 퍼졌다
괜찮아
괜찮아
나의 길을 갈 거야
어디서든 힘없는 자 위해 대변할 거야
편지글에는 딸의 당찬 모습 그려져 있었다
서민들의 가장 힘든 곳
거기에서 봄눈이 되거라

훈련은 봄눈을 녹일 테니까
너는 그것을 알았으니까
훗날 펼쳐질 축복 같은 하얀 세상을 가거라
아직 산막이옛길엔 흰 눈이 소복이 쌓여있다

4부

도토리 할머니

백 개의 나무 이름과
꽃 이름 백 개를 알면
잘 사는 것이라는데

쌍둥이 손녀들은
나를 도토리 할머니라 부른다

손녀들 세 살 무렵 가을날에
도토리를 몇 알 주워 가지고 갔는데
그때부터 도토리 할머니가 되었다

아직도 같은 이름으로 불러주니
도토리에게 미안하다

탄소 중립을 위해
숲속을 풍성하게 하려고
몇몇 지자체에서 도토리 심기 행사한다는데

도토리 심기 행사 주관자로
도토리 할머니라는 이름 특허 신청해
보약 같은 동심 축복 같은 사랑 나누고 싶다

첫사랑 시를 만나다
-故 윤광진 시인님을 그리며

붉은 동백꽃 잎에 하얀 눈이 앉아
서로 떠나지 못하고 있는 걸 보고
첫사랑처럼
아련함이 심장 속에 박혔다고
그렇게 시와 사랑이 시작되었다고
가슴 벅차게 고백하던 당신

은은한 솔잎차
한 잔 마주하며 지난 계절 떠올립니다

꽃샘추위 매섭던 어느 겨울

가을하늘에
우물을 파놓았다던 여느 시구처럼
당신의 미소는 파란 하늘이 되었습니다

소녀로 살다가 하늘 간
먼저 보낸 벗의 가슴앓이
시로 빚어 읊어주실 때
창밖에 꽃들도 울먹이고 있었죠

〈
은은한 향기 단아한 자태
시 속에 그 모습 그대로 웃고 계시네요

마음속
우러르던 님, 참 고우셨던 당신

만년필

모든 책은
하나의 사소한 거짓말에서 시작되었는지 모른다

만년필을 처음 샀을 때
인생이라는 한 권의 책을 쓰고 싶었다

사람들은
어떤 형태로든 자신이 원하는 걸 갖고 싶어 한다

사람으로 걷는 것조차
기쁨과 고뇌를 겪고서야 흔들리지 않고 걸을 수 있다

아무런 의미 없이
한평생 살고 나면 사라져버리는 것들

하나의 목표를 정해본다

나 자신을 비우는 일
하지만 침묵은 내가 할 수 있는 최선, 아니 어쩌면 최악
〈

한 권의 책을 위해 만년필을 샀고
최선의 침묵이 최악임을 알았을 때

나는 비로소 나를 쓰기 시작했다

명령

문을 열고 들어가니
커다란 궁전 같은 거실에
주렁주렁 가짜 웃음들 빛나고 있다

넓은 정원 한가운데 모과나무
연분홍 꽃잎들
커다란 벤치 위로 한 잎 두 잎 날리며
세상에서 제일 행복한 나무처럼 우쭐거렸다

모두가 가짜 같아
뛰어나가 플라스틱 꽃잎인지 으깨어보았다
아야 아야 비명 가냘프게 들려왔다

세상 모두가 현실인지 꿈인지 모호하다
그렇게 살았기에 팔뚝 강하게 꼬집는다

생명은 명사가 아니고
동사였다고
그것도 '살아라!'라는 명령어라는 걸 알았다
〈

내 안에서 원초적 생생한 숨소리가 들렸다

시를 쓴다는 것이
세상의 시간과 공간을 모두 영지로 만들어
생명의 절절한 외침들을 듣고 말하라는
명령이라는 것
그때 알았다

뒷모습

그녀의 뒷모습
빛나는 갈색 머리카락 바람에 휘날리며,
가벼운 발걸음, 마치 음악 같습니다

반짝이는 별빛만 바라보며 걷습니다
현실은 뒷모습에 숨기고
순한 가면을 쓴 여인이 당당히 걸어갑니다

꽃들이 가지 끝에 소망을 피우듯
그림자에 불과해도 화려하게 피어나고 싶어요
환한 미래만 보고 듣고 싶어요

짙은 검회색 어둠이 앞을 가려도
뒷모습은 노래하듯이 걸어갑니다

아름답게 치장하고 화려한 가면 쓰고 걷습니다,
어느덧 나이 들어 뒤돌아보며,
그래도 살아오길 잘했다고 생각합니다

어두운 골목길

가면을 쓰고 한 여자가 걸어갑니다
제 몸을 건디며
제 몸을 지켜내는 나의 뒷모습 이야기입니다

동굴

동굴에 갇혀 나오지 못하고 있다

밤마다 악몽을 꾼다
이겨내려 눈을 꼭 감는다
동굴 안은 시간이 흐르지 않는다
눈꺼풀만 덮으면 세상이 덮힌다

벗어나고 싶다
벗어나고 싶다

매일 상처가 깊어간다
상처 위로 감겨있는
새하얀 붕대 풀어 더 깊게 깊게 상처를 덧낸다

멈추어진 시간 속에 고통만 더해 간다
쓰리고 아픈 느낌마저 감각의 한계를 넘었다
아득한 구름 속 의미도 없는 세계로 간다
내용도 모르는 악몽만 존재하는 동굴
벗어날 수 없다
〈

동굴 안에서도 아는 만큼만 보인다

바위자고새

오늘 밤 별똥별이 하나 떨어졌다
소원을 빌기 위해 두 손 모았다

그때 바위자고새 한 마리 달 향해 날아올랐다

그대는 새가 되었나 보다
전생에 높은 곳에서 떨어졌던 기억 때문에 높게 날지 못하는
자고새가 되었나 보다

바위자고새 되어 달을 짝사랑하게 되었을까?

달 사랑하여 늘 달만 바라보고
달빛 마시면서 사는 바위자고새

달 뜨지 않는 날엔 달 그리워 울고 있을 그대

달 향해 날아가지만
끝내 달에 다다르지 못해 울고 있는 새

높이 날 수 없으면서 높이 날아야만 하는 슬픈 그대

〈
이제 훨훨 날아올라 별이 된 건가

겨울 무도회

겨울바람이
차가울수록 사랑은 깊어만 간다

슬픈 영혼 불러 모아
한바탕 무도회 여는 걸까
시린 달빛 속 씨이잉 씨이잉
눈보라 소리 가득하고
마른 나뭇가지
이리저리 흔들대는 깊은 겨울밤

색소폰 연주도 없건만
하얀 영혼들 온몸 흔들며
나는 네게 넌 내게
서로 손도 잡지 못하는 고독한 사랑 한다

슬픈 영혼들
홀로 스텝 밟으며 겨울 사랑 하나 보다
무도회는 밤새 계속되고
차가울수록 뜨거워지는 내 안에 그대 가득하다
〈

만날 수 없는 그대
그러나 매일 만나는 그대
겨울바람 차가울수록 사랑은 깊어가는데

가슴에 품고 꼭꼭 숨겨둔 하얀 눈송이들
어느새 날개를 달고 훨훨 날아
눈물 젖은 꿈의 초원에 양탄자 펼치고 있다

마음 歌

별나라에서 가수가 되었다는 그대

'마음 歌'라는 노래로
하루아침에 유명 가수가 되었다고
활짝 웃으며 자랑하였지

꿈에서 깨어
자꾸 되새김질해보았어

'마음 가~ 마음 가~'

마음 가는 대로 살고 싶었던 그대
마음 가는 대로 살 수 없었던 그대

마음이 이끄는 대로,
자유롭게 펼치길 원했던 그대,
하지만 현실의 새장 안에서 날개가 접혔네
높이 날지 못하는 자고새 울음처럼
그대의 노랫소리
〈

'푸른 학은 구름 속에 우는데'
잊기 위해 꿈꾸던 날들은 어디로 갔는지

* 노래 제목.

목각인형과의 여행

사랑하는 목각인형과
서쪽으로 서쪽으로 왔어요

안면도 벗나루 펜션
아무도 오지 않는 방에서 캄캄한 공포를 보아요

여기엔 배고픈 거미들만 사는지
천장에서 가는 실눈으로 내려다보네요

갑자기 떨어진 사과
입에 무는 상상에
숨통이 막혀오며 울부짖고 싶네요

시베리아 벌판 같은 차가운 서해
그대가 버려두고 떠난다 해도
이제 외로워하지 않을 거예요

새벽 동이 트기 전에
거미들이 내려와 눈물 닦아줄지도 모르죠
〈

그대 잊기 위해
가져오지 못한 것들 생각해 보았어요
겨우 익숙한 초콜릿 하나 떠오르네요

검은 거짓말하는 나를
생각하면서 어느새 잠이 드네요

운명

두 무릎 꿇고
신에게 조단조단 따져 물었다
이렇게 잔인한 운명은 무슨 의미냐고

나에게만 슬픔, 나에게만 방황
모든 불행은 내 것만 같아
운명도 네가 만든 거야 탓하지는 마˙

유행가 '운명' 노래 가사
내가 만든 거라니?

나에게 온 불행
운명이라는 이름으로 위로하며
베토벤의 '운명' 교향곡에 귀 기울여보네
그 선율 속에 스며들며,
운명의 깊은 숲속 조용히 걸어 들어가

모든 불행이 정해진 운명인지
모든 행복이 정해진 운명인지

요정들이 만든 사랑의 묘약 때문에
소동이 일어난
한바탕 한여름 밤의 꿈도 운명이었나?

하느님의 실수가 운명인가요?
하느님의 깊은 뜻이 운명인가요?

알 수도 없고, 답을 들을 수도 없는 되돌이 질문들
시간의 흐름 속에서 그저 묻혀있네

* 신승훈의 '운명' 노래 가사.

그대를 따라서

그대는 곁에 있으면
포근히 어우러져 주는 사람

바람보다 더 가볍게 떠나버렸네

얼음 조각들로 파헤쳐진
심장이 바라보는 그대 모습 슬프면서 아름다웠다

마치 이미 천국의 꽃밭 거닐고 있는 듯
하지만 그대 없는 세상은 슬픈 빗소리만 가득

그날 이후
너른 들판 여기저기서 커다란 사자들 달려들며
소용돌이치듯 덮쳐왔다

몸과 마음 달아날 곳 없어
주저앉아 일어나지 못했다

다시 두 번의 9월이 가고
나뭇잎들 떨어져 어디론가 굴러갔다

주저앉아 있던 나도 따라 굴렀다
그제야 더 이상 사자 울음소리 들리지 않았다

날마다 비밀정원엔
훤히 열어놓은 창문 사이로
반짝이는 그대가 별 되어 환하게 빛나고 있다

내 마음 아시는 당신

새 성전 건립 위해
영혼의 눈물 삼키며
주 사랑이 나를 숨 쉬게 하라며
찬송하는 신부님 기도

인성에 신성이 더해진 모습으로
주님의 사랑 전하는 신부님 뒤에
다정한 어머니처럼
살포시 웃고 계시는 성모님

온 천지가 푸르고
꽃향기 가득한 아름다운 오월
십자가에 계시는 예수님이
우리의 삶 축복해 주시는 것처럼
성모님 사랑 안에 있는 시몬 신부님
우리 모두의 축복이었습니다

영혼의 숨으로
이어지는 영원한 생명
세상 그 어떤 어려움 속에도

나를 지켜주시는 성모님
내 아픔 아시는 당신 앞에 두 손 모읍니다

소중한 것 위해
비우고 비워 동그랗게 피어나
고해성사라도 하는 듯
하얀 미사포 쓰고 두 손 모으고 서 있습니다

가장 버림받은 영혼을
사랑해주시는 성모님
온전히 나를 알고 계시는
당신 성모마리아여 사랑을 떠나보낸
헛헛한 마음 어루만져주시며

너그러우신 어머니
당신의 신비로
흐르는 눈물 닦아주며
그 온화한 미소로 응답해 주시는

아무것도 걱정하지 마라

감곡성당 벽에 적힌 메시지 마음에 담고

어두운 밤
미사 마치고 돌아오는 길
환하게 다가오는 성모승천 만돌라 후광

우리를 거룩하게
들어 올려놓게 하려고
바닥까지 내려앉아 계시는
시몬 신부님

당신을 숨 쉬게 한다는
자애로우신 성모님 사랑
세상 끝날까지 함께하겠습니다

그날 밤

그대의 이름 부를 때마다,
내 마음의 정원엔 꽃이 하나씩 피어났지
그대는 봄날의 꽃처럼
내 삶의 벽에 새겨졌는데

내 모든 것 따뜻하게 감싸 주던 그대
속절없이 빠져나간 썰물처럼
알 수 없는 물결 속에 밀려갔지만
그래도 바다는 제자리 지키리

그날 밤
밤하늘에 새겨진 별 하나
불어오는 바람
그대의 손길인 듯 놓지 못하고
우두커니 서 있다가
어둠 속 흩뿌려지는 물방울 되고 말았네

마음 가는 대로

마음 가는 대로 살고팠던 그대
바람 따라 자유롭고 싶었던 꿈
하지만 세상 무게에 발 묶여
하늘 나는 법 잊어버린 채
그대 귀에만 속삭이는 이야기
잡을 수 없는 꿈, 그림자 좇아

마음 가는 대로 살고 싶었던 그대
마음 가는 대로 살 수 없었던 그대
높이 날지 못하는 자고새 울음처럼,
그대의 노랫소리 어디로 갔나?

깊은 밤 별들처럼 반짝이던 소망
어둠 속에서도 길 잃지 않던 꿈
세상의 소음 속에서도
자신의 목소리 잃지 않으려 애쓰던 그대

부질없는 육신의 구속 탓에
마음속 깊은 곳 노래 찾아
마음 가는 대로 살 그날까지

그대의 노랫소리
미로에 갇혀 출구 찾지 못하고

일곱 빛깔 무지개 너머
잊기 위해 꿈꾸던 날들
그대 마음속에서 다시 태어나
마음 가는 대로, 마음 가는 대로
그대의 길을 가라, 자유롭게

■□ 해설

슬픔을 견디는 방식
- 타나토스와 비타노바의 사이에서

문정영(시인)

　시집을 다 읽고 나면 문득 사랑하는 사람을 잃고 슬픔에 빠진 누군가가 보인다. 이처럼 슬픔은 어쩌면 역설적으로 세상과 마주하는 순간 오히려 깊은 비애 속에 빠지게 되는 것이 아닐까? 내면 안에 머물기, 혼자 있기, 오히려 그때 슬픔은 덜 고통스러워지는 것일지도 모른다. 슬픔의 종류를 나열할 수 있다면 그 수는 얼마나 될까? 이금안의 시집 『당신이 안 와서』에는 분명 슬픔의 정서가 깊게 흐른다. 비교적 담담하게 작품을 읽다가도 먼저 읽은 작품에서 옮겨온 무거운 감정이 다음 문장을 읽는 호흡에 영향을 주는 것을 보면, 이금안의 이번 시집에서 슬픔의 징후는 작품 곳곳에 꽤 두텁게 흐르는 중요한 정서라고 할 수 있겠다.

  자의든 타의든 누군가와의 이별은 남은 자의 심장에 아픈 꽃을 피운다. 그 꽃이 화려할수록 자책하는 시간이 오래갈 것이다. 언젠가 우리는 모두 이 별에서 이별한다. 그런 상처를 껴안고 그 상처를 다듬기 위하여 시인은 시의 말로 자신을 다스리는 것이다. 이금안 시인의 내면을 다 껴안아 줄 수는 없지만 그가 쓴 시어들에서 시인의 슬픔을 읽어 주는 것으로 그가 가진 슬픔의 한 자락을 만져줄 수 있을 것이다. 이제 이금안 시인이 가진 내면의 아픈 행간을 하나하나 찾아가 보자.

1. 슬픈 기억의 회로에 다가가기

    그날 밤

    밤하늘에 새겨진 별 하나

    불어오는 바람

    그대의 손길인 듯 놓지 못하고

    우두커니 서 있다가

어둠 속 흩뿌려지는 물방울 되고 말았네

— 「그날 밤」 부분

갑자기 떨어진 사과

입에 무는 상상에

숨통이 막혀오며 울부짖고 싶네요

— 「목각인형과의 여행」 부분

사랑은 돌아오지 못한 채 흩어졌네

아픈 기억은 전혀 떠나질 않네

— 「아픈 기억은 떠나질 않네」 부분

  작품 속 화자는 사랑의 상실(이 생에서의 작별)로 인해 아픈 기억을 간직한 채 슬픔을 겪고 있는 것이 분명하다. 실제로 시집 전체가 하나의 애도일기로 느껴질 정도로 작품 곳곳에 슬픔의 기억이 날카롭게 박혀있다.

여전히 날카롭고 푸르게 빛나는

잊히지 않는 아픈 기억 하나

내내 안에 살아

〈

영혼에 박혀버린 것처럼,

그래,
시간이 약이라 했지
아직 그 말 믿지 못하지만
손 뻗으면 다시 베일 것 같아
조심스레 쓸어내 본다
- 「포도주잔 파편이 가슴에 박힐 때」 부분

이 시에서 언급된 내용을 『애도일기』의 문장과 비교해 보면 매우 흥미로운 부분이 있다.

" 이런 말이 있다. 시간이 지나면 슬픔도 차츰 나아지지요.-아니, 시간은 아무것도 사라지게 만들지 못한다. 시간은 그저 슬픔을 받아들이는 예민함 만을 차츰 사라지게 할 뿐이다."
- 『애도일기』 -롤랑바르트

시인은 '시간이 약'이란 말을 아직 믿지 못하고 있다. 아픈 기억은 영혼에 박혀버린 것처럼 내내 안에 살아 손 뻗으면 다시 베일 수 있는 것이 아닌가.

"나는 외롭고 싶지 않다. 하지만 나는 외로움이 필요하다"
- 『애도일기』 -롤랑바르트

역시 롤랑바르트의 문장이다. 이 문장은 필자가 이금안의 시집에서 롤랑바르트를 떠올리게 된 주요한 이유이기도 하다. 그는 어머니를 잃은 슬픔 속에서 하나의 역설적인 문장, 외로움을 이기는 방식으로 외로움을 택한다.

나, 이젠 슬프지 않아

슬픔도 내성을 띤다고 했던가

가끔 삶이 지겨워질 때가 있지만

일상일 뿐

오히려 조금 고독해지고 싶었어

- 「겨울왕국에서 온 편지 부분」 부분

2. 슬픔을 견디는 방식에 대하여

　시인 역시 슬픔 속에서 오히려 스스로 고독해지는 방식을 택하고 있는 듯하다. 슬픔의 한가운데서 오롯이 슬픔을 겪는 과정이야말로 화자가 슬픔을 견뎌내는 방식이다. 그리고 이렇게 슬픔을 견디는 방식은 롤랑바르트에 의하면 주체가 슬픔 속으로 실종되는 순간이면서 동시에 그 슬픔 속에서 새로운 주체로 태어나는 순간이기도 하다. 그것은 비타노바(Vita Nuova), 죽음과 슬픔을 겪으며 시인이 자신을 새로운 주체로 다시 태어나게 하는 개념이다. 단테로부터 연유한 이 개념은 사랑하는 대상에 대한 애도가 불러일으키는 완전히 새로운 슬픔의 탄생이다. 슬픔 속에서 고독해지고 싶은 상태, 오롯이 본인만의 특별한 슬픔으로 애도하는 방식을 거쳐 자아를 관통한 완전한 새로운 슬픔(니체에게는 '연민'의 개념)으로 바뀌는 순간이다. 슬픔을 통해 존재에 관한 자아 탐구로 이어지는 과정을 겪게 된 것일까. 시인은 적어도 슬픔 앞에서 격앙된 상태는 아니다. 아래 작품을 보면

　　언제나 마음은 내전 중
　　…(중략)…

젊은 날의 욕망은

차라리 아름다운 이유였나?

정열도, 사랑도, 고독도 아닌 호르몬 불균형이라니

- 「불면의 이유」 부분

정열도, 사랑도, 고독도 다 사라져버린 것 같은 세상에서 그녀는 이 모든 것들의 원인을 호르몬 불균형이라며 시치미를 뗀다. 그리고 "한밤중 멀쩡한 냉장고 청소를 시작한다" 더 나아가 시인은 적어도 엄살떨지 않는다. 생경하지만 그녀는 "노란색 안경 쓰면 다 평화로웠어"라고 말한다. "나는 가끔 나 자신을 숨기기도 했어"라며 자기 고백을 한다.

침묵이 최선이라고 생각했어, 당신은 여전히 오지 않았어

…(중략)…

모든 생각과 사물들은 양면성이 있어

보이는 앞면 뒤에 그것과 다른 뒷면이 있어

보이지 않을 뿐

- 「당신이 안 와서」 부분

"보이는 앞면 뒤에 그것과 다른 뒷면" 상실의 타나토스를 벗

어나 새로운 자아가 도달하는 곳, 바로 비타노바가 실현되는 곳이다. 그리고 시인은 직접 혹은 간접 경험한 이별과 죽음의 타나토스와 거기서 비롯된 슬픔의 사이 어떤 시공간으로 독자를 이동시킨다. 그리고 슬픔에 매몰하는 대신 그 슬픔 안에 내포된 사랑의 관계를 통해 새로운 주체로 당당하게 나아간다.

> 걸음을 멈추고 오래
> 내 이름 되뇌어 본다
>
> 다 끌어안고 계절 속으로 날아가며
> 언제부터 내 이름으로 살지 못했는지?
>
> 새는 제 이름 부르며 당당하게 산다
> ─「새는 제 이름 부르며 산다」 부분

 그래서였을까? 시집 전체에 흐르는 슬픔의 정서는 물기가 아닌 마치 이불 홑청에 풀을 먹인 것 같은 짱짱함이다. 이 빳빳한 풀기야말로 두터운 쓸쓸함을 견디는 시인만의 방식이 아닐까. 생 자체가 가진 근원적 슬픔, 그 쓸쓸함의 행간을 힘있게 잡아당기는 풀질, 이는 이금안의 문장이 담담하면서도 **팽팽한 문체**

의 힘을 갖고 있기 때문이기도 하다. 이러한 힘은 자칫 관념으로 흐를 수 있는 시의 정서를 잡아주는 역할을 충분히 수행한다. 한여름 빳빳하게 풀을 먹인 모시이불, 팽팽한 솔기처럼 무심한 듯 간결한 문장 사이로 조금은 쓸쓸한 바람이 드나든다.

>시는 언제나
>나의 내면과 마주하게 한다
>
>시를 쓰는 일은
>슬픔의 바다에서 헤엄칠 수 있었고
>그대에게 다가갈 수 있었다
>- 〈시인의 말〉 중에서

시를 쓰는 일을 통해 슬픔의 바다에서 자유로이 헤엄칠 수 있고, 다가갈 수 없었던 그에게 다가갈 수 있게 된 것이다.

3. 시쓰기를 통해서 세상으로 나아가기

「만년필」이란 시에서 시인은 이렇게 말한다.

"최선의 침묵이 최악임을 알았을 때 나는 비로소 나를 쓰기 시작했다"

시를 쓰는 일이 이처럼 한 생애를 다른 곳으로 옮겨 놓을 수 있는 엄청난 일이었다니. 이금안 시인의 작품을 들여다보며 우리는 같은 아픔을 다르게 읽는 방식을 배운다.

이금안 시인은 내면을 들여다보며 시쓰기에 감각적 능력이 있다. 시를 통해 내면에서 밖을 볼 수 있고 빛과 희망의 길을 걸었다. 시를 쓰면서 위로받고 은유와 비유를 통해 시에서 분명한 자기 세계를 보여주고 있다.

아무도 없는 숲속을 걷고 또 걷는다
고요하다

호로롱 호로롱

멀리 새 한 마리

제 이름 부르며 날아간다

언제부터인지 길이 막히면

제 이름 부르며 날고 날았다

부르며 부르며 허공을 떠돌다

개망초꽃 옆에 앉아본다

꽃들도 제 이름 닮은 미소를 하고 있구나

걸음을 멈추고 오래

내 이름 되뇌어 본다

- 「새는 제 이름 부르며 산다」 부분

 '새는 제 이름 부르며 산다'에서 길이 막히면 이름을 부른다는 것, 시인은 이 시를 통해 시적 호소력을 불러 독자와 공감대를 형성한다. 새의 이름이기도 하며 울음이기도 한 호로롱 호로롱 청각적 이미지는 시를 읽는 이들의 세계관을 번쩍 깨어나게 한다. 내 이름이기도 한, 그 이름을 부르면 마음이 밤처럼 어두워도 앞으로 나아갈 수 있다는 것이다. "꽃들도 제 이름을 닮은 미소를 하고 있"다. 하지만 그 미소는 다 다른 의미를 피우고 있다. 지고 나면 사라지는 꽃들의 미소처럼 시인도 제 이름을 불러 확인해 본다. "다 끌어안고 계절 속으로 날아가며 언제부터 내 이름으로 살지 못했는지?" 꽃들과 새들도 하물며 들에 핀 야생화도 제각각 이름이 있는데 내 이름이 사라지고 호칭으로만 살았던 계절을 뒤돌아보는 시인의 음향에 귀 기울여보자.

그림자로 덮인 그대의 문 잠겨있다
고요한 침묵에 숨죽인
암흑 속 광야
아득한 세상과 연결되어 있다
감춰진 기억처럼

잠긴 문
그것은 마음의 미로,
길 잃은 생각들의 끝없는 순례
오직 시간만 흘러가는
우담바라* 향기 가득한 곳

잠긴 문에는 열쇠가 없다

－「잠긴 문」 부분

그대의 문이 잠겨있는 어둡고 아득한 세상, 그 미로에 연결된 문 안에 그대가 있다. 그와 나와의 사이에는 이제 들어갈 수도 나올 수도 없는 아득한 거리가 있다. 그러나 향기 가득한 곳, 가고 싶어도 열쇠가 없어 갈 수는 없는 그곳에 그가 있기를 바라는 마음이 보인다. 그대와 나는 주고받지는 못하지만, 향기와 미로에서 보듯 오히려 상통하는 연결 이미지를 숨겨놓았다. 이금안 시인은 이런 시쓰기를 통하여 조금씩 자신을 정화하고 있는지도 모른다.

> 당신이 너무 오래 오지 않아
> 노란색 안경 쓰기 시작했어
> 노란색 안경 쓰면
> 언제 어디서나 당신이 보였거든
>
> 노란색 안경 쓰고
> 꽃밭을 만들기 시작했어
> 봄맞이로 데이지, 팬지, 수선화 모종들을 사 왔어
> 돌울타리 화단도 만들었어
> 호미로 정성껏 꽃들을 심었어
> 꽃들은 날마다 날마다 당신 기다리며 자랐어

봄은 나날이 깊어가고

노란색 안경 쓰고 땅만 파면서

빼앗긴 삶이 그렇게

불행하지 않다는 것도 알게 되었어

가진 자와 갖지 못한 자의 삶

하늘과 땅 차이가 아니었어

노란색 안경 쓰면 다 평화로웠어

나는 가끔 나 자신을 숨기기도 했어

말해주고 싶었어

나는 불행해질 거라고

당신도 불행해질 거라고

우리의 순수한 진실 어디다 버려진 거냐고

하지만 침묵했어

침묵이 최선이라고 생각했어

당신은 여전히 오지 않았어

봄에 심었던 일년초들은 가을이 되자 시들었는데

팬지꽃은 오래도록 예쁘게 피어있었어

〈

모든 생각과 사물들은 양면성이 있어

보이는 앞면 뒤에 그것과 다른 뒷면이 있어

보이지 않을 뿐

당신이 안 와서

너무 많은 생각을 하게 되었나 봐

당신이 안 와서

- 「당신이 안 와서」 전문

'잠긴 문'의 시와 '당신이 안 와서' 두 詩는 상통하는 이미지가 그려져 있다. 당신이 안 와서 너무 기다리는 마음에 노란 안경을 쓴다는 시인은 솔직하지만 여리다. 노란 안경을 쓰면 당신이 올까, 꽃들마저 날마다 날마다 당신을 기다리며 자라고 있다고 생각한다. 모든 사물은 앞과 뒷면이 있는 양면성을 가지고 있다. 보이지 않은 세계는 다소 감상적인 모습일 수 있다. 그러므로 은유의 감정에 의해 자신만의 세계를 아프게 그릴 수 있었다. 삶과 사랑이 꼭 행복하기만 할까. 때론 고통스럽고 이겨내야 하는 일들이 더 많다. 기다림의 연속이다. 당신이 안 와서. 우리가 다시 만날 때까지.

동굴에 갇혀 나오지 못하고 있다

밤마다 악몽을 꾼다

이겨내려 눈을 꼭 감는다

동굴 안은 시간이 흐르지 않는다

눈꺼풀만 덮으면 세상이 덮힌다

벗어나고 싶다

벗어나고 싶다

매일 상처가 깊어간다

상처 위로 감겨있는

새하얀 붕대 풀어 더 깊게 깊게 상처를 덧낸다

멈추어진 시간 속에 고통만 더해 간다

쓰리고 아픈 느낌마저 감각의 한계를 넘었다

아득한 구름 속 의미도 없는 세계로 간다

내용도 모르는 악몽만 존재하는 동굴

벗어날 수 없다

〈

동굴 안에서도 아는 만큼만 보인다

-「동굴」 전문

  시인의 개성적 목소리가 행간 곳곳에 있다. 시를 통해 개별적 어휘나 이미지의 반복을 통해 시인은 문제의식을 드러낸다. 그리고 시인은 그런 의식 속에서 정신적 상흔과 관련된 동굴의 이미지를 "멈추어진 시간 속에 고통"으로 드러낸다. 동굴에 갇혀 나오지 못하고 밤마다 악몽을 꾸며, 벗어나고 싶어도 벗어나지 못하는 사람은 누구나 동굴 속 이미지 하나는 가지고 산다. 그러나 동굴 속 상상력에서 삶의 개념과 깊이를 통해 등불의 이미지를 희망하기도 한다. 동굴에서 벗어나서 자아를 꿈꾸고 있는 시인은 본능적으로 재생의 길을 찾고 싶은 것이다.

  시인은 제 이름을 부르며 사는 새가 부럽다. 누군가의 이름을 불러도 들을 수 없고, 올 수 없는 상처는 인간만이 갖는다. "빗속을 달리는 나는 누구인가?" 시인은 그 의문이 사라지기 전까지 시간이 오래 걸릴 것이다. 이번 시집을 통하여 떠나보낸 이에 대한 빈자리가 다시 따뜻해졌으면 좋겠다. "매서웠던 추위 견디고// 고해성사하듯// 오월 꽃 천지 속// 동그랗고 하얗게 피어나// 흐르는 구름// 천 개의 바람 되어// 오롯이 비우고// 푸르른 꽃대 하나로 서 있"(「파꽃」)는 정신으로 잘 견디기를 바라는 마음이 이 시집에 가득하다. 울어도 눈물이 더는 나오지 않는다면 그것이 더 아프다. 시인은 마음껏 울음을 울 수 있는 시쓰기를 통하여 어느 때든지 슬픔을 껴안아 줄 수 있을 것이다. 그런 의미에서 아픔이 있는 독자들은 이 시집의 행간을 꼼꼼하게 읽으며 작은 위안을 얻기를 바란다.